49
p
mp
hym-ne mort
dix tentes esse cailles eux
53
cresc.
mf
p
58
58
calme
moins
62
our - son
sont
mp
there where stitch thee
66
lob - by says this worse
bol
ré - ponse

même moi moindre aus - si mur so - lide dé-chi-rure lay them co-met clé é-tran -
- ger air vrai an-them dead ten tents linch-pin quails them
78
cull mur - mur wah source on
sore d'aire ou herse t'y jeu-di l'aube y cède d'hisse ou heurt ceux ball rep aunts
decresc.
cresc.
maim mwah mow wind rah hor-sey mure so lead desh er-ror er-ror er-ror laid i -
poco
mp
mf
(mf)

Josephine Stephenson

Comme l'espoir/*you might all disappear*

pour voix et guitare
for voice and guitar

Texte : Antoine Thiollier / Josephine Stephenson

ALPHONSE
LEDUC
ÉDITIONS MUSICALES

AL 30 897

Commissioned by Héloïse Werner with support from the PRS Foundation.

First performed by Héloïse Werner (soprano) & Laura Snowden (guitar) at the Wigmore Hall, London on 4 June 2022.

Comme l'espoir
vous pourriez tous disparaître
balançant parmi les étoiles solitaires
comme la comète
qui va renaître
dans de plus lointains ciels

Original text by Antoine Thiollier. Edited by Josephine Stephenson.

PERFORMANCE NOTES

voice:

The French (roman) and English (*italic*) texts are to be pronounced strictly with a native accent throughout.

The general singing style should be as simple and 'natural' as possible, with minimal vibrato.

speaking voice

whispered

half-voiced

guitar :

Standard tuning (E-A-D-G-B-E)

Let all notes ring as much as possible, in particular those marked with an l.v. .

Duration: c. 5min.

for Héloïse & Laura

Comme l'espoir / *you might all disappear*

Antoine Thiollier/
Josephine Stephenson

Josephine Stephenson

 AL 30 897

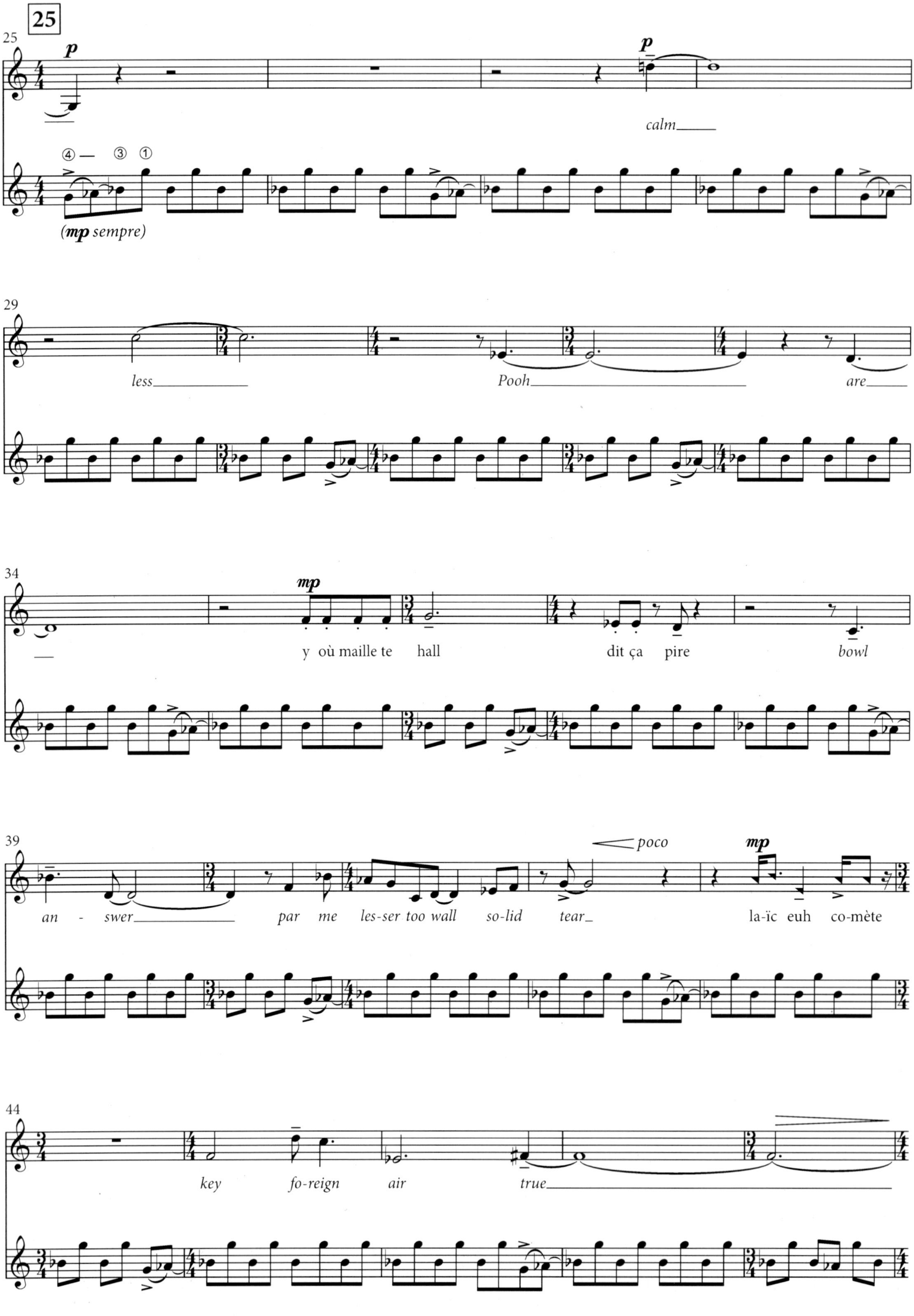
25
25
p
p
calm
(mp sempre)
29
less
Pooh
are
34
mp
y où maille te hall
dit ça pire
bowl
39
poco
mp
an - swer
par me
les-ser too wall
so-lid
tear
la-ïc euh
co-mète
44
key
fo-reign
air
true

49
p
mp
hym-ne mort
dix tentes esse cailles eux
53
cresc.
mf
p
58
calme
moins
62
our - son
sont
there_ where stitch thee
66
lob - by says this worse
bol
ré - ponse

même moi moindre aus - si mur so-lide déchi-rure lay them co-met clé é-tran-
-ger air vrai an-them dead ten tents linch-pin quails them
78
cull mur - mur wah source on
sore d'aire ou herse t'y jeu-di l'aube y cède d'hisse ou heurt ceux ball rep aunts
maim mwah mow wind rah hor-sey mure so lead desh er-ror er-ror er-ror laid i-
poco
cresc.
decresc.

- dem comme êtes
clay het ranch_ heir erf ray
mf
mp cresc.
en sème d'aide t'haine t'ai nœud te ce linge é - pine cou elle se d'aime
mf
101
mp
ab - bat
mur - mure
whoah
of a - re - a or har - row

112
to you Thurs - day the dawn there yields
116
mf
of hoist or clash those
mp
balle re-pré-sen-
mf
mp
120
tant an - te mu-tile bi-sou tond tourne a-ris-to che-va-lin sé-questre tant
124
cresc.
a-vance pa-trie er - reur er - reur er - reur
f
cresc.
f
128
128
ug - ly i - dem like are
mf
ar - gile hé-té-ro
mf

132
ranch hé - ri - tier ter-rain ray-on in sow of help to
136
you hate to have you knot to
decresc.
mp
141
140
you this li-nen pric-ker neck
p
mp
mp
144
she her - self of love
148
rall.
p

91
- dem comme êtes
clay het ranch_ heir erf ray
mf
95
mp cresc.
en sème d'aide t'haine t'ai nœud te ce linge é - pine cou elle se d'aime
mf
99
101
mp
103
mp
ab - bat
mur - mure
whoah
108
source_ sur plaie
of a - re - a or har - row

112
to you Thurs - day the dawn there yields
116
mf
of hoist or clash those
mp
balle re-pré-sen-
mf
mp
120
tant an - te mu-tile bi-sou tond tourne a - ris - to che-va-lin sé-questre tant
124
cresc.
a-vance pa-trie er - reur er - reur er - reur
f
cresc.
f
128
ug - ly i - dem like are
mf
ar - gile hé - té - ro
mf